W0314904

Feine Heilschnäpse und Liköre

Feine Heilschnäpse und Liköre
© 2009 Tandem Verlag GmbH
7Hill ist ein Imprint der Tandem Verlag GmbH
Alle Rechte vorbehalten
Autor: Peter Mennigen für NOVA Libra medien, Köln
Einbandgestaltung: Simone Sticker
Layout & Satz: Derek Gotzen, Annette Mader und Ulrike Jasser für NOVA Libra medien, Köln

Gesamtherstellung: Tandem Verlag GmbH, Königswinter

Printed in Hungary

ISBN 978-3-8331-8031-6

10 9 8 7 6 5 4 3 2 1

Inhalt

Einleitung

Feine Schnäpse und Liköre dienen nicht nur dem Genuss, sondern auch der Gesundheit. Mit in Alkohol gelösten Heilkräutersubstanzen lassen sich zahlreiche Krankheiten behandeln. Außerdem steigern feine Schnäpse und Liköre das allgemeine Wohlbefinden. Bereits die Ärzte im alten China wussten, dass alkoholische Getränke jede andere Medizin übertreffen. Denn zahlreiche für die Gesundheit wichtige Ingredienzien lassen sich in Wasser nur schwer oder gar nicht auflösen, wohl aber in Alkohol.

Deshalb heißt es nicht umsonst: Ein Schnäpschen wirkt manchmal wahre Wunder. Beispielsweise nach zu reichhaltigem Essen. Bestimmte Kräuter und Essenzen haben eine positive Wirkung auf unseren Organismus. Damit angesetzte Schnäpse oder Liköre helfen aber nicht nur bei Magen- und Darmbeschwerden, sondern auch bei Kopfschmerzen, Erkältungskrankheiten, Herz- und Kreislaufproblemen und vielem mehr.

Grundsätzlich unterscheidet man bei alkoholischen Heilgetränken zwischen drei Gruppen:

1. Schnaps: Dieses stark alkoholhaltige Getränk wird meist aus Obst, Kartoffeln oder Getreide gebrannt. Manchmal werden auch verschiedene dieser Basisstoffe kombiniert.

2. Geist: Früchte werden mit Schnaps oder reinem Alkohol aufgesetzt und anschließend destilliert. Wer statt Früchte lieber Kräuter als Zutaten benutzt, erhält Kräuterschnaps.

3. Likör: Früchte oder Kräuter werden mit Schnaps übergossen und dann mit Zucker versetzt. Dieser Ansatz wird zwar nicht mehr destilliert, aber wegen des Aromas können Destillate aus Früchten bzw. Kräutern verwendet werden.

Früher gehörten selbst gemachte Schnäpse und Liköre in jede gut geführte bäuerliche Hauswirtschaft, wobei jedes Land bzw. jede Region eigene alkoholische Spezialitäten entwickelte. Fertige Schnäpse waren den meisten Menschen damals zu teuer. Außerdem war es ein weiter Weg bis zur Stadt, wo man sie kaufen konnte. Auf dem Land gab es alle notwendigen Rohstoffe, um Likör oder Schnaps anzusetzen. Viele der damals in „Heimarbeit" entwickelten Rezepte wurden innerhalb einer Familie von Generation zu Generation weitergegeben.

In diesem Buch finden Sie zahlreiche altbewährte, aber auch neue Rezepte über die Kunst des Ansetzens und Veredelns von Heilschnäpsen bzw. -likören oder -geistern aus Kräutern, Gewürzen und Früchten. Außerdem gibt es viel Wissenswertes über die Heilwirkung der einzelnen Rezepturen.

Wobei anzumerken ist: Beim Ansetzen von Heilschnäpsen oder Kräuterlikören braucht sich niemand streng an die Rezepte zu halten.

Experimentieren Sie ruhig ein bisschen mit den Zutaten, und kreieren Sie Ihre eigenen Geschmacksrichtungen.

Erfreuen Sie sich selbst oder Ihre Gäste mit einem edlen Tropfen selbst fabriziertem Brennnesselschnaps, oder beeindrucken Sie mit einem würzigen Basilikumgeist. Und denken Sie beim (maßvollen) Trinken daran:

Sie tun dabei auch etwas für Ihre Gesundheit.

Ananaslikör

Wirkung
Behebung zahlreicher Verdauungsstörungen.

Zubereitungszeit
ca. 35 Minuten

Gärung
ca. 3–4 Wochen

Zutaten
1 Ananas
100 g Zucker
2 l Cognac oder Weinbrand
Etwas Muskatnuss

Zubereitung

Eine mittelgroße Ananas mit einem Tuch abreiben und dann in Würfel schneiden. Das Ganze 1/2 Stunde lang in 1 l Wasser kochen. Dann den Zucker und Cognac hinzugeben und gut umrühren. Anschließend den Saft in Flaschen füllen und diese mit Leinwand oder Schweinsblase zubinden. Die Flaschen ca. 3–4 Wochen in der Sonne stehen lassen und ab und an schütteln. Danach den Likör filtrieren und in eine neue Flasche abfüllen.

Anisschnaps

Wirkung

Entkrampfung von Magen und Darmwänden,
Behebung vieler Verdauungsstörungen.
Außerdem ein husten-, schleim- und
krampflösendes Erkältungsmittel.

Zubereitungszeit

35 Minuten

Gärung

ca. 6 Wochen

Zutaten

40 g frisch zerstoßene Anissamen
1 g Zimt
500 g Zucker
1 l klarer Schnaps (38 %)

Zubereitung

Die Anissamen mit Zimt und Zucker im Alkohol 6 Wochen lang ziehen lassen. Anschließend den Ansatz durch einen Filter in Flaschen abfüllen und diese verschlossen, kühl und trocken lagern.

Wissenswertes

Spirituosen dürfen als Anis bezeichnet werden, wenn ihr charakteristisches Aroma ausschließlich von Anis, Sternanis oder Fenchel herrührt. Sie müssen einen Mindestalkoholgehalt von 35 % Vol. besitzen.

Aquavit

Wirkung

Verdauungsanregend, seelische und
körperliche Heilprozesse unterstützend.

Zubereitungszeit

ca. 60 Minuten

Gärung

2 Tage

Zutaten

2 g Ingwerwurzel
1 g Gewürznelke
1/2 g Chilischote
1/2 g Muskatnusspulver
20 Fäden Safran
4 g Zimtstange
50 g weißer Kandiszucker
1 l Doppelkorn

Zubereitung

Die fein geschnittene Ingwerwurzel mit allen Zutaten in einer Flasche ansetzen. Innerhalb der nächsten Stunde so oft die Flasche schütteln, bis sich der Kandis aufgelöst hat. Nun 2 Tage ziehen lassen, dann den fertigen Aquavit filtrieren und in eine neue Flasche abfüllen.

Wissenswertes

Aquavit (bzw. Akvavit) ist aus dem Lateinischen „Aqua Vitae“ (Lebenswasser) abgeleitet. Er gehört zu den Spirituosen mit Kümmel. Das klare, aus Kartoffeln oder Getreide gebrannte – manchmal auch mit Gewürz- oder Fruchtaromen versetzte – Destillat stammt aus Dänemark und Skandinavien. In Italien versteht man unter Aquavit Branntwein ganz allgemein.

Bärenfang

Wirkung
Gegen Erkältungen.

Zubereitungszeit
3 Stunden

Gärung
4–6 Wochen

Zutaten
450 g Honig (kein Wald- oder Tannenhonig)
440 ml Weingeist

Zubereitung

Den Honig in 220 ml destilliertem, erhitztem Wasser auflösen und anschließend erkalten lassen. Dann Weingeist hinzugeben und die Mischung mit Wasser auf 1 l auffüllen. Anschließend den Likör in eine Flasche füllen und ca. 4–6 Wochen lang kühl lagern. Danach abgesetzte Trübstoffe herausfiltern.

Wissenswertes

Je besser der Honig und je reiner der verwendete Alkohol, desto besser der Geschmack. Jede Honigsorte hat einen anderen Einfluss auf den Geschmack der Spirituose.

Basilikumgeist

Wirkung
Gegen Appetitlosigkeit und
bei Verdauungsproblemen.

Zubereitungszeit
15 Minuten

Gärung
5 Wochen

Zutaten
1 ungespritzte Zitrone
24 frische große Basilikumblätter
1 l Obstler

Zubereitung

Die abgeschälte, in feine Stückchen zerkleinerte Zitronenschale und die Basilikumblätter mit dem Obstler in eine Flasche füllen.
Die Mischung 3 Wochen lang an einem dunklen, warmen Ort ziehen lassen und täglich kräftig schütteln.
Anschließend den Ansatz 2 weitere Wochen lang ohne Schütteln ruhen lassen und dann filtrieren.

Wissenswertes

Basilikum gilt als Symbol der Fruchtbarkeit. In der Vergangenheit wurden ihm auch magische Wirkungen nachgesagt. Die Gewürzpflanze stammt aus dem Orient. In Europa kennt man sie erst seit dem 16. Jahrhundert.

Bierlikör

Wirkung
Gegen Schlaflosigkeit, Magenverstimmung und Entzündungen der Mundhöhle.

Zubereitungszeit
1–2 Stunden

Gärung
2–3 Monate

Zutaten
2 l Starkbier
100 g Zucker
1 Vanilleschote
1/2 Zimtstange
3 Gewürznelken
11/4 l Gin oder anderer Schnaps
mit mind. 37 % Alkohol

Zubereitung

Das Starkbier mit dem Zucker, der Vanilleschote, der halben Zimtstange und den Gewürznelken in einem Topf langsam zum Kochen bringen.

Dann 10–15 Minuten köcheln und 1 Stunde ziehen lassen. Nun den Ansatz filtrieren und erneut bis knapp unter den Siedepunkt erhitzen. Nach Abkühlen den Alkohol zugeben, gut durchrühren und dann rasch in Flaschen abfüllen. Abschließend den Likör 2–3 Monate im Keller nachreifen lassen.

Wissenswertes

Bier ist (fast) so alt wie die Menschheit. Schon das älteste Kulturvolk der Welt, die Sumerer, tranken es. Bier ist nicht nur anregend, sondern in Maßen genossen verbessert es die Durchblutung des Gehirns und erhöht die Leistungsbereitschaft des Organismus.

Brennnesselschnaps

Wirkung

Linderung bei Entzündungen der Harnwege und Nieren, bei Wassersucht, Nieren- und Harngrießbildung und Nierensteinen.

Zubereitungszeit

15 Minuten

Gärung

3 Wochen

Zutaten

20 g Brennnesselblätter
5 g Feldstiefmütterchenblüten
20 g Tausendguldenkraut
10 g Gänseblümchen
10 g Ringelblumen
20 g Holunderblüten
1 l Wodka

Zubereitung

Die Blüten und Kräuter zusammen mit dem Wodka in einer Flasche ansetzen, und das Ganze 3 Wochen lang ziehen lassen. In den ersten beiden Wochen die Flasche täglich schütteln. In der dritten Woche den Sud ruhen lassen. Anschließend den Ansatz filtrieren und in eine neue Flasche abfüllen.

Wissenswertes

Die Blätter der Brennnessel enthalten einen ähnlichen Giftstoff, wie ihn Giftschlangen verwenden. Früher behandelte man damit rheumatische Erkrankungen. Heute benutzt man die Brennnessel zur Blutreinigung, Entschlackung und Entwässerung. Dank ihres hohen Gehaltes an Eisen und Chlorophyll gilt sie als besonders blutbildend.

Buchenlikör

Wirkung

Reinigt Haut und Blut,
lindert rheumatische Erkrankungen
und regt den Haarwuchs an.

Zubereitungszeit

15 Minuten

Gärung

4–6 Wochen

Zutaten

3 Hand voll junge,
zarte Buchenblätter
500 ml Korn oder
Wacholderschnaps
Zucker
125 ml l Cognac oder Weinbrand

Zubereitung

Die Buchenblätter in ein gut verschließbares Glasgefäß legen und mit dem Korn bzw. Wacholderschnaps übergießen. Den Ansatz 3 Wochen lang an einem warmen, schattigen Platz aufbewahren.
Danach 250–300 ml Zuckerlösung anseihen und gut geschüttelt mit 125 ml l Cognac oder Weinbrand auffüllen. Abschließend das Ganze einige Wochen im kühlen und dunklen Keller nachreifen lassen.

Cassis (Johannisbeerschnaps)

Wirkung
Gegen verdorbenen Magen.

Zubereitungszeit
15 Minuten

Gärung
2 Wochen

Zutaten
1 kg schwarze Johannisbeeren
1 frische Ingwerwurzel
1 Vanilleschote
500 g weißer Kandiszucker
1 l Wodka

Zubereitung

Die Johannisbeeren leicht quetschen, dann den Ingwer klein schneiden und alle Zutaten in einem großen, verschließbaren Gefäß ansetzen. Das Ganze 2 Wochen lang an einem dunklen Platz ziehen lassen und täglich schütteln. Abschließend den Ansatz filtrieren.

Wissenswertes

Je länger man den Cassis ziehen lässt, umso besser entwickelt sich sein Aroma.

Chrysanthemen-Lycii-Geist

Wirkung
Stärkt die Organe des Unterleibs,
verleiht sexuelle Potenz und
verbessert das Sehvermögen.

Zubereitungszeit
10 Minuten

Gärung
1 Woche

Zutaten
45 g chinesische Chrysanthemen-Blüten
45 g Lyciifrüchte
45 g Cistanchiskraut,
1 l Wodka

Zubereitung

Die Blüten zusammen mit den Früchten, dem Kraut und dem Wodka in eine passende Flasche füllen und dann 1 Woche lang ziehen lassen. Die Flasche muss täglich geschüttelt werden. Abschließend den Ansatz filtrieren und in eine neue Flasche abfüllen.

Wissenswertes

Mitte des 19. Jahrhunderts kam die Chrysantheme aus Japan nach Europa. Sie besaß nicht nur eine beruhigende Wirkung, man setzt ihre Heilkraft auch bei Erkältungen, gegen Fieber und Kopfschmerzen ein.

Cistanchisgeist

Wirkung

Gegen Impotenz.

Zubereitungszeit

5 Minuten

Gärung

1 Woche

Zutaten

60 g Cistanchiskraut
1 l Wodka

Zubereitung

Das Cistanchiskraut mit dem Wodka in eine Flasche füllen und 1 Woche lang an einem kühlen, dunklen Platz ziehen lassen. Den Ansatz jeden Tag schütteln. Danach den Ansatz filtrieren und in eine neue Flasche füllen.

Eberwurzgeist

Wirkung
Stärkt Nieren und Blase.

Zubereitungszeit
20 Minuten

Gärung
3 Wochen

Zutaten
20 g Wacholderbeeren
30 g Stängellose Eberwurz (Silberdistel)
20 g Große Bibernelle (Anis)
1 l Wodka

Zubereitung
Die Wacholderbeeren zerquetschen und zusammen mit Eberwurz, Bibernelle und Wodka in eine Flasche füllen. Den Sud 3 Wochen lang ziehen lassen und täglich schütteln. Abschließend den Ansatz filtrieren und neu abfüllen.

Wissenswertes
Vorsicht! Wie alle Kornblütler kann die Eberwurz Allergien auslösen.

Eierlikör

Wirkung
Beruhigt die Nerven.

Zubereitungszeit
25 Minuten

Gärung
24 Stunden

Zutaten
1 Stück Vanillestange
4 Eigelb
200 g Zucker
250 ml Milch
100 ml Weingeist
100 g Puderzucker

Zubereitung

Die Vanillestange auskratzen und das Mark mit der schaumig geschlagenen Kombination aus Eigelb und Zucker mischen. Das Ganze mit Milch und dem Weingeist verrühren und dann in einer fest verschlossenen Karaffe 24 Stunden kühl lagern.

Wissenswertes

Den „Eierlikör“ kann man auch „Advokat“, „Advocaat“ oder „Avocat“ nennen.

Eisenkrautgeist

Wirkung
Stärkung des Nervensystems.

Zubereitungszeit
10 Minuten

Gärung
2 Wochen

Zutaten
30 g Echtes Eisenkraut
10 g Kardobenediktenkraut
15 g Weidenrinde
1 l Wodka

Zubereitung

Die Kräuter mit der Rinde und dem Wodka in einer Flasche ansetzen. Die Mischung bei ca. 30 Grad 2 Wochen lang ziehen lassen und täglich schütteln. Abschließend den Sud absieben, die Kräuter auspressen und neu abfüllen.

Wissenswertes

Es gibt ca. 2.600 Arten von Eisenkraut, jedoch ist das „Echte Eisenkraut“ die einzige Vertreterin dieser Gattung, die in Europa wild wächst. Seit Jahrhunderten gilt sie als Heil- und Zauberpflanze.

Enziangeist

Wirkung

Gegen Appetitlosigkeit, schlechte Verdauung,
Blähungen und als Stärkungsmittel
für das Immunsystem, das Nervensystem
sowie Leber und Galle.

Zubereitungszeit

20 Minuten

Gärung

2–3 Monate

Zutaten

30 g Wurzeln vom gelben
oder gefleckten Enzian
1 l Wodka

Zubereitung

Nach Säubern der Wurzeln diese fein schneiden und zusammen mit dem Wodka in einer Flasche ansetzen. Das Ganze 2 Wochen lang an einem warmen, sonnigen Platz ziehen lassen und täglich schütteln. Anschließend noch einmal 1–2 Monate völlig ruhen lassen, dann filtrieren und ohne Wurzeln abfüllen.

Wissenswertes

Ursprünglich stammt der Enzian aus China. Seit dem Altertum wird die Pflanze mit dem bitteren Geschmack wegen ihrer kräftigenden und verdauungsfördernden Eigenschaften genutzt.

Erdbeerlikör

Wirkung
Gegen Durchfall.

Zubereitungszeit
25 Minuten

Gärung
1 Woche

Zutaten
600 g Sahne
2 El Zucker
400 g Erdbeeren
1 Packung Vanillezucker
125 ml Weingeist (90 %)

Zubereitung

Sahne und Zucker unter Rühren aufkochen und anschließend 5 Minuten bei geringer Hitze einkochen lassen. Die gewaschenen und getrockneten Erdbeeren entstielen, mit Vanillezucker pürieren, danach unter die Sahne rühren. Den Ansatz 5 Minuten köcheln und dann abkühlen lassen. Den Weingeist unter die Erdbeer-Sahne mischen und in eine Flasche abfüllen. Das Ganze einige Tage ziehen lassen. Vor dem Servieren zunächst die Flasche in warmes Wasser stellen und beim Herausnehmen gut schütteln.

Wissenswertes

Erdbeeren haben einen hohen Vitamin- und Mineralstoffgehalt. Bereits 100 g besitzen 60 mg Vitamin C, womit über die Hälfte des täglichen Bedarfs dieses Vitamins gedeckt wird. Außerdem enthalten Erdbeeren sehr viel Folsäure, Eisen und auch Phenolsäuren, die eine krebsvorbeugende Wirkung besitzen. Allerdings können Erdbeeren auch relativ häufig Nahrungsallergien hervorrufen.

Estragonlikör

Wirkung
Appetitanregend, verdauungsfördernd
und harntreibend.

Zubereitungszeit
5 Minuten

Gärung
2–4 Wochen

Zutaten
1 l Weingeist (40 %)
1–2 frische Estragonzweige
Zucker

Zubereitung

Den Weingeist in eine Flasche schütten und die frischen Estragonzweige kopfüber hineinstecken. Nach 2 Tagen verfärbt sich der Ansatz hellgrün und wird entnommen. Nun nach eigenem Geschmack Zucker hinzugeben und den Ansatz einige Tage – bis zur vollkommenen Auflösung des Zuckers – ruhig lagern. Zieht der Likör noch 1–2 Wochen in einem kühlen Keller, intensiviert sich sein Geschmack.

Wissenswertes

Estragon stammt aus Sibirien und Zentralasien. Er besitzt einen intensiv herb-pikanten Geschmack und duftet nach einer Mischung aus Anis, Minze und Basilikum.

Eukalyptuslikör

Wirkung
Hilft gegen Husten und
Atemwegsbeschwerden.

Zubereitungszeit
30 Minuten

Gärung
8 Wochen

Zutaten
25 g Eukalyptusblätter
6 Pfefferminzblätter
etwas Enzianwurzel
1 l Grappa
500 g Zucker

Zubereitung
Eukalyptus-, Pfefferminzblätter und Enzianwurzel zerkleinern und in eine Flasche geben. Danach Grappa darüber gießen und 2 Wochen ziehen lassen. Nun den Zucker in 500 ml heißem Wasser auflösen und der Eukalyptusmischung beigeben. Die gut verschlossene Flasche 1 Woche ziehen lassen. Den Likör ab und an kräftig schütteln, damit sich kein Zucker ansetzt. Abschließend die Mischung filtern, abfüllen und 5 Wochen stehen lassen.

Fichten- und Kiefernnadelgeist

Wirkung
Gegen Nervosität und Schlaflosigkeit.

Zubereitungszeit
15 Minuten

Gärung
1–4 Wochen

Zutaten
100 g Fichten- oder Kiefernnadeln
60 g Wildblumenhonig
1 l Wodka

Zubereitung
Die Fichten- oder Kiefernnadeln und den Honig mit Wodka in einer Flasche ansetzen. Anschließend bei jungen Nadeln 1 Woche, bei frischen älteren Nadeln 2 Wochen und bei getrockneten Nadeln 1 Monat ziehen lassen. Den Ansatz täglich schütteln und abschließend filtrieren.

Wissenswertes
Je länger Fichten- bzw. Kiefernnadelgeist lagert, desto stärker entwickelt sich sein Aroma.

Frauenmantelgeist

Wirkung
Gegen Magen- und Darmstörungen,
harmonisiert unregelmäßige Menstruation.

Zubereitungszeit
5 Minuten

Gärung
2 Wochen

Zutaten
30 g Frauenmantel
10 g gemahlener Fenchelsamen
10 g Taubnesselblüten
20 g Beifußkraut
1 l Wodka

Zubereitung

Die Kräuter, Samen und Blüten mit dem Wodka in eine Flasche füllen und 2 Wochen lang ziehen lassen. Den Ansatz täglich schütteln. Abschließend filtrieren und neu abfüllen.

Wissenswertes

Über Nacht bildet Frauenmantel kleine silbrige Tautropfen, die sich im Blattkelch zu einem großen Tropfen sammeln. Darum heißt die Pflanze auch Tränenschön, Taubecherl, Wasserkelchblume, Taumänteli, Tauschüsseli, Taurosenkraut. Weitere Namen sind: Löwenfußkraut, Milchkraut, Ohmkraut, Gewittergras, Weiberkittel, Wundwurz, Helft.

Gartenbalsamgeist

Wirkung

Hilft bei Gliederschmerzen,
rheumatischer Arthritis und Prellungen.

Zubereitungszeit

20 Minuten

Gärung

1 Woche

Zutaten

250 g Balsamblüten
600 ml Wodka

Zubereitung

Die Blüten bei schwacher Hitze rösten und trocknen. Anschließend fein zerstoßen und mit dem Wodka und 400 ml Wasser in einer Flasche ansetzen. Das Ganze 1 Woche lang ziehen lassen und täglich schütten. Abschließend den Ansatz filtrieren und neu abfüllen.

Ginsenggeist

Wirkung
Gegen Kurzatmigkeit, geringe Belastbarkeit,
Schwächeanfälle und Schweißausbrüche.

Zubereitungszeit
15 Minuten

Gärung
1 Woche

Zutaten
80 g Ginsengwurzeln
1 l Wodka

Zubereitung
Die zerkleinerten Ginsengwurzeln mit dem Wodka bis zum Siedepunkt erhitzen. Anschließend den Ansatz in einen Behälter abfüllen und 1 Woche ziehen lassen. Diesen abschließend filtrieren und neu abfüllen.

Wissenswertes
„Ginseng“ ist die Umschreibung eines chinesischen Ausdrucks, der sich aus den Lauten „Jen“ (Mensch) und „Shen“ (Substanz) zusammensetzt. Frei übersetzt heißt „Ginseng“ „Menschenwurzel“.

Hagebuttenlikör

Wirkung

Unterstützt die Nierenfunktion
und hilft bei Steinleiden.

Zubereitungszeit

25 Minuten

Gärung

6–12 Wochen

Zutaten

1 kg Hagebutten
1 l Wodka
250 g Zucker
250 ml Wodka

Zubereitung

Die Hagebutten mit dem Messer teilen, die Kerne entfernen und dann mit dem Wodka in eine Flasche füllen. Die Mischung 6 Wochen lang an einem warmen, sonnigen Platz ziehen lassen und ab und an gut schütteln. Abschließend filtrieren und neu abfüllen. Mehrere Monate Lagerzeit verbessern das Aroma des Likörs und seinen Geschmack.

Wissenswertes

Hagebutten sind die Früchte der wilden Rose (Heckenrose). Sie blüht von Juni bis Mitte Juli. Im Herbst leuchten die Früchte dunkelrot. Sie enthalten kleine, behaarte Kernchen, die vor dem Verzehr entfernt werden müssen. Eine Hagebutte enthält zwanzigmal mehr Vitamin C als eine Orange.

Heidelbeergeist

Wirkung
Hilft bei Darmkatarrh, Durchfall
und Blasenschwäche.

Zubereitungszeit
5 Minuten

Gärung
8 Wochen

Zutaten
1 kg reife Heidelbeeren
1 l Obstler

Zubereitung

Die Beeren 2–3 Tage in der Sonne trocknen und dann mit dem Obstler in einer Flasche ansetzen. Die Mischung 4 Wochen lang warm ziehen lassen und täglich schütteln. Den Ansatz weitere 4 Wochen lang vollkommen ruhen lassen. Dann filtrieren und neu abfüllen.

Wissenswertes

Heidelbeeren sind auch als Blaubeeren, Bickbeeren oder Schwarzbeeren bekannt. Sie enthalten relativ hohe Mengen Gerbstoffe und werden bei Durchfallerkrankungen oder lokalen Behandlungen von leichten Entzündungen der Mund- und Rachenschleimhaut angewandt.

Himbeerlikör

Wirkung
Senkt das Fieber bei Virusinfektionen.

Zubereitungszeit
20 Minuten

Gärung
6–12 Wochen

Zutaten
500 g Himbeeren
200 g Zucker
1 Vanilleschote
1/2 Zimtstange
1 Nelke
700 ml Alkohol (40 %)
oder Himbeergeist

Zubereitung

Die Himbeeren in einem Behälter mit Zucker überstreuen und anschließend die aufgeschlitzte Vanilleschote, die Zimtstange und die Nelke dazugeben. Das Ganze mit dem Alkohol übergießen und unter gelegentlichem Schütteln 6 Wochen stehen lassen. Abschließend den Ansatz filtrieren, neu abfüllen und noch ein paar Tage oder Wochen reifen lassen.

Holunderlikör

Wirkung
Kräftigung des Immunsystems.

Zubereitungszeit
25 Minuten

Gärung
6–12 Wochen

Zutaten
1 kg Holunderbeeren
1 l Alkohol
(z. B. Wodka)
250 g Zucker

Zubereitung

Die verlesenen, gut gewaschenen und getrockneten Holunderbeeren mit dem Alkohol in einem Glas zerdrücken. Den Ansatz 6–8 Wochen – bis alle Farbe ausgezogen ist – an einem sonnigen Platz stehen lassen. Anschließend den Saft filtrieren. Den Zucker in 1 l Wasser kochen. Den entstandenen Sirup mit dem Holundersaft mischen, in Flaschen abfüllen und längere Zeit an einem dunklen Ort lagern.

Wissenswertes

Laut Volksmund hausen in Holunderbäumen die guten Hausgeister. Holunderbeeren besitzen sehr viel Vitamin C und stärken deshalb besonders die Abwehrkräfte.

Hopfengeist

Wirkung
Beruhigung des Nervensystems,
sorgt für gesunden Schlaf.

Zubereitungszeit
10 Minuten

Gärung
6 Wochen

Zutaten
20–25 Hopfenblütenzapfen
1 l Wodka

Zubereitung

Die Hopfenblütenzapfen mit Wodka in eine Flasche abfüllen und den Saft 3 Wochen lang an einem warmen, sonnigen Platz ziehen lassen. Den Ansatz jeden Tag schütteln. Nach den 3 Wochen weitere 3 Wochen völlig ruhig ziehen lassen. Zum Abschluss filtrieren und neu abfüllen.

Wissenswertes

Hopfen ist ein zur Hanf-Familie gehörendes Schlinggewächs. Es wird bis zu 6 Meter lang. Seine zapfenförmigen Früchte werden vor allem beim Bierbrauen verwendet.

Honiglikör

Wirkung
Hilft bei Magen- und Darmstörungen,
regt die Verdauungssäfte an
und hemmt die übermäßige
Produktion von Magensäure.

Zubereitungszeit
1 Stunde

Gärung
2 – 4 Wochen

Zutaten
500 g Honig
1 l Weingeist (90 %)

Zubereitung

Den Honig in 750 ml heißem Wasser auflösen und anschließend erkalten lassen. Nun den Weingeist hineinrühren, danach den Saft in Flaschen füllen und verkorken. Das Ganze mindestens 14 Tage ruhen lassen. Je länger der Likör lagert, desto besser sein Aroma.

Wissenswertes

Bienen sammeln in Blumenblüten Nektar ein und veredeln diesen in ihrem Magen durch eigene Enzyme. Diese verändern die Zusammensetzung der Zuckerstoffe des Nektars, wodurch das typische Honigaroma erzeugt wird. Bis zur Neuzeit war Honig das einzige Süßungsmittel, das es gab.

Ilexgeist

Wirkung
Hilft bei rheumatischen Leiden,
kräftigt Herz und Leber.

Zubereitungszeit
15 Minuten

Gärung
3–10 Tage

Zutaten
Junge Ilexblätter
1 l Wodka

Zubereitung

Die Ilexblätter ausbreiten und einige Tage im Schatten trocknen. Anschließend die Blätter in eine Flasche füllen und Wodka hinzugießen. Den Ansatz 3 Tage ziehen lassen und täglich schütteln. Danach die Mischung filtrieren, neu abfüllen und längere Zeit lagern.

Johanniskrautgeist

Wirkung
Stärkt Nieren und Blase,
hilft gegen Bettnässen
und wirkt beruhigend.

Zubereitungszeit
10 Minuten

Gärung
4 Wochen

Zutaten
50 g getrocknete Johanniskrautblüte
1 l Wodka

Zubereitung

Die Johanniskrautblüten mit dem Wodka in eine Flasche füllen und 2 Wochen lang an einem dunklen, warmen Ort ruhen lassen. Den Ansatz täglich schütteln. Anschließend 1–2 Wochen völlig ruhen lassen. Danach den Saft filtrieren und neu abfüllen.

Wissenswertes

Man nennt Johanniskraut auch Herrgottsblut, Teufelsfluchtkraut, Bockskraut, Mannskraft, Mariabettstroh oder Elfenblut. Es wirkt stimmungsaufhellend und angstlösend. Hellhäutige Menschen sollten aber während der Einnahme starke Sonnenbestrahlung, Solarien und Höhensonne meiden. Es könnte sonst eine erhöhte Empfindlichkeit gegenüber Licht entstehen.

Kamillengeist

Wirkung
Hilft bei Magen- und Darmentzündungen,
unterstützt die Nierenfunktion,
wirkt krampflösend und beruhigend.

Zubereitungszeit
5 Minuten

Gärung
4 Wochen

Zutaten
30 g frische Blütenköpfe
der echten Kamille
1 l Wodka

Zubereitung

Die ausgebreiteten Blütenköpfe 1–2 Tage im Schatten trocknen. Anschließend mit dem Wodka in eine Flasche füllen und 4 Wochen lang an einem warmen, sonnigen Platz ziehen lassen. Alle 3–4 Tage den Aufsatz schütteln. Abschließend filtrieren und neu abfüllen.

Wissenswertes

Die Kamille gehört zu den beliebtesten Heilpflanzen Europas. Aber Vorsicht: Die feinen Härchen der Kamillenblüten reizen sehr stark die Augen Daher darf sie vor allem bei Augenentzündungen nie mit den Augen in Berührung kommen.

Kiefernzapfenlikör

Wirkung
Stärkung von Herz und Kreislauf.

Zubereitungszeit
20 Minuten

Gärung
12 Wochen

Zutaten
100 g (weiche) grüne Kiefernzapfen
120 g Rohrzucker
1 l Wodka

Zubereitung
Die Kiefernzapfen vierteln oder in Scheiben schneiden und in eine große Flasche füllen. Darüber den Rohrzucker streuen und den Ansatz 1 Tag ziehen lassen. Nun das Ganze mit Wodka übergießen und mit einem Korken verschließen. Die Mischung 3–4 Wochen an einem sonnigen Platz ziehen lassen und dabei öfter gut durchschütteln. Abschließend filtrieren und – wenn nötig — nachsüßen.

Kleelikör

Wirkung
Fördert die Verdauung.

Zubereitungszeit
10 Minuten

Gärung
12 Wochen

Zutaten
2 Hand voll Rotkleeblütenköpfe
1 l Doppelkorn (40%)

Zubereitung
Die Rotkleeblütenköpfe mit dem Doppelkorn übergießen und in einem geschlossenen Gefäß 6 Wochen lang an einem warmen und sonnigen Platz ziehen lassen. Anschließend filtrieren und je nach Geschmack mit Zucker versetzen. Dann nochmals 6 Wochen im Keller nachreifen lassen.

Kokosnusslikör

Wirkung
Lindert Herzbeschwerden.

Zubereitungszeit
20 Minuten

Gärung
3 Wochen

Zutaten
1 Kokosnuss
300 ml weißen Rum
230 ml Korn
150 ml Zuckersirup

Zubereitung

Das geraspelte Fleisch der Kokosnuss mit dem weißen Rum und dem Korn mischen und anschließend 14 Tage in einer Flasche ziehen lassen. Die Mischung ab und an schütteln. Danach den Ansatz filtrieren, die Raspeln ausquetschen und den Saft mit 150 ml Zuckersirup süßen. Abschließend den Likör wieder ein paar Tage ziehen lassen und dann erneut filtrieren.

Wissenswertes

Kokosnuss beinhaltet sehr viel Selen. Selen ist wichtig für Wachstum, Schilddrüsen, gesunde Haut und gesunde Haare.

Kräuterschnaps

Wirkung
Gegen Atemwegserkrankungen,
Durchblutungsstörungen, aber auch
Harnwegs- und Blasenleiden.

Zubereitungszeit
10 Minuten

Gärung
6–8 Wochen

Zutaten
1 kg Zucker
4 l Alkohol (38 %)
8 g Weinstein
8 g Tausendguldenkraut
15 g Alantwurzel
15 g Enzianwurzel
24 g Sternanis
8 g Anis
100 g Pomeranzenschale

Zubereitung

Alle Gewürze und den Zucker in Alkohol legen und 2–3 Wochen lang ziehen lassen. Anschließend die Flüssigkeit filtrieren und mit dem Zucker mischen. Den Ansatz in Flaschen abfüllen und einige Wochen ruhen lassen.

Wissenswertes

Schon in der Antike wurden Kräuter und Gewürze für die Heilung verschiedenster Leiden benutzt. Heute ist wissenschaftlich belegt, dass sie nicht nur Appetit und Verdauung anregen, sondern auch bei allerlei Infektionskrankheiten Erleichterung verschaffen.

Knoblauchschnaps

Wirkung
Vorbeugung von Arterienverkalkung (Arteriosklerose). Senkt hohen Blutdruck und vermindert die Blutfette.

Zubereitungszeit
20 Minuten

Gärung
2 Wochen

Zutaten
1 Knolle Knoblauch
700 ml Korn

Zubereitung

Die geschälten Knoblauchzehen mit der flachen Schneide des Küchenmessers ein wenig zerdrücken und in eine Flasche geben. Diese mit dem Schnaps auffüllen, verschließen und 14 Tage an einem dunklen Ort ziehen lassen. Abschließend den Ansatz abseihen und in eine Flasche füllen.

Wissenswertes

Bereits die alten Ägypter gaben den Sklaven beim Pyramidenbau reichlich Knoblauch, um deren Leistungsfähigkeit zu erhalten. Bei den alten Griechen, Römern, aber auch bei den alten Germanen war Knoblauch sowohl als Gewürz als auch als Heilmittel geschätzt.

Kümmellikör

Wirkung
Gegen Magenbeschwerden,
Verdauungsstörungen und Blähungen.

Zubereitungszeit
10 Minuten

Gärung
5–6 Wochen

Zutaten
80 g Kümmel
250 g weißer Kandiszucker
1 l Obstler

Zubereitung

Kümmel, Kandiszucker und Obstler in ein Gefäß füllen, gut verschließen und 4 Wochen lang warm und sonnig ruhen lassen. Ist der Zucker aufgelöst, den Ansatz filtrieren, neu abfüllen und erneut einige Tage ruhen gelassen.

Wissenswertes

Kümmelliköre sind über Kümmelkörner destillierte Gewürzliköre mit einem Mindestalkoholgehalt von 30 % Vol.

Löwenzahnschnaps

Wirkung

Stärkt die Funktionen von Leber,
Galle und Magen.

Zubereitungszeit

20 Minuten

Gärung

9–13 Wochen

Zutaten

100–150 g Löwenzahnblüten
300 g Zucker
4 Zitronen
750 ml Weingeist 90 %

Zubereitung

Die gewaschenen Löwenzahnblüten kopfüber trocknen. Anschließend den Zucker in 250 ml Wasser erwärmen und auflösen. Nach Abkühlung den Zucker über den Löwenzahn geben. Nun 2 Zitronen mitsamt Schale in Scheiben schneiden und in das Ansatzgefäß legen. Darüber den Zitronensaft von 2 weiteren Zitronen gießen.

Den Ansatz 1 Woche lang warm lagern und dann den Weingeist und 750 ml destilliertes Wasser hinzufügen. Den Likör in eine neue Flasche füllen und 2–3 Monate ziehen lassen.

Wissenswertes

Der Löwenzahn gewinnt seine Heilkraft vor allem durch seine Bitterstoffe. Diese helfen, Nährstoffe – wie die fettlöslichen Vitamine A, D, E, K, B12 und Eisen – besser ins Blut aufzunehmen.

Das regt die Blutbildung an und beugt Blutarmut vor. Außerdem steigern die Bitterstoffe die Abwehrkräfte, regen den Stoffwechsel an, wirken durchblutungsfördernd und sorgen für seelisches Wohlbefinden.

Lavendelgeist

Wirkung
Gegen Kopfschmerzen und Migräne.

Zubereitungszeit
10 Minuten

Gärung
10 Tage

Zutaten
30 g Lavendelblüten
20 g Weidenrinde
10 g Fieberkleeblätter
1 l Wodka

Zubereitung

Die Lavendelblüten mit der Weidenrinde, den Fieberkleeblättern und dem Wodka in eine Flasche füllen. Den Ansatz 10 Tage ziehen lassen und täglich schütteln. Zum Abschluss das Ganze filtrieren und neu abfüllen.

Wissenswertes

Lavendel sorgt auch für seelisches Wohlbefinden. Er hilft bei Stress und Angespanntheit, stärkt das Selbstvertrauen und wirkt ausgleichend, besänftigend und stimmungshebend.

Melissengeist

Wirkung
Melisse wirkt krampflösend
und beruhigend.

Zubereitungszeit
20 Minuten

Gärung
5–10 Wochen

Zutaten
2 Hand voll Melissenblätter
2 ungespritzte Orangen
3 ungespritzte Zitronen
1 Tl Anis
1 Tl Fenchel
1 Tl Kümmel
250 ml Weingeist
500 g Zucker

Zubereitung

Die Melissenblätter kalt waschen, abtropfen lassen und mit den Orangen- und Zitronenschalen in ein Gefäß geben. Die Mischung mit dem Anis, Fenchel und Kümmel versetzen. Anschließend den Weingeist darüber gießen und das geschlossene Gefäß mehrere Wochen lang an einen warmen Platz stellen. Danach den Zucker mit 500 ml Wasser aufkochen und nach Abkühlen dem Ansatz hinzufügen. Die Mischung gut schütteln, filtrieren und in Flaschen abfüllen. Vor Gebrauch sollte Melissengeist einige Wochen kühl lagern.

Wissenswertes

Ursprünglich stammt die Melisse aus dem östlichen Mittelmeergebiet und Westasien. Bereits im Altertum wurde sie von Griechen und Römern als Heilpflanze geschätzt.

Pfirsichlikör

Wirkung
Steigerung des Wohlbefindens.

Zubereitungszeit
20 Minuten

Gärung
5–6 Wochen

Zutaten
300 g frische Pfirsichsteine
1 l Korn
1 ungespritzte Limette
8 zerstoßene Gewürznelken
1 kg Zucker

Zubereitung

Die aufgeklopften und etwas gequetschten Pfirsichsteine in einem Gefäß mit Alkohol übergießen. Die Mischung 4 Wochen an einem warmen Platz ruhen lassen. Nun die dünn geschälte Limettenschale und die zerstoßenen Nelken dazugeben. Den Ansatz gut schütteln und 1–2 Wochen an einem warmen Platz stehen lassen. Danach aus Zucker und 2 l Wasser einen Sirup kochen und dem Mix beifügen. Das Ganze filtrieren, abfüllen und gut verschlossen an einem kühlen Ort lagern.

Quittenlikör

Wirkung
Wirkt entzündungshemmend,
krampflösend und gegen Fieber.

Zubereitungszeit
25 Minuten

Gärung
5 Wochen

Zutaten
2 kg Quitten
800 ml Wodka
20 g bittere Mandeln
10 g Zimt
4 g Gewürznelken
200–400 g weißer Zucker
200 ml Wodka

Zubereitung

Die ungekochten und ungeschälten Quitten zu Brei reiben und durch ein Leinentuch pressen. Den entstandenen Quittensaft (ca. 1 l) mit 800 ml Wodka vermischen, dann die Mandeln und übrigen Gewürze dazugeben. Die gut verschlossene Flüssigkeit 1 Monat lang an einen warmen Platz stellen und täglich schütteln. Danach mit Zucker und den 200 ml Wodka mischen, filtrieren und einige Tage ruhen lassen.

Wissenswertes

Die Quitte enthält größere Mengen Gerbstoffe und andere Substanzen, die entzündungshemmend und beruhigend auf Magen und Darm wirken.

Rhabarbergeist

Wirkung
Wirkt gegen Verstopfung.

Zubereitungszeit
20 Minuten

Gärung
12 Wochen

Zutaten
500 g (rote) Rhabarberstiele
1 dünn abgeschälte (ungespritzte) Orangenschale
1 Messerspitze Kardamom
300 g Zucker
700 ml Kornbranntwein (80 %)
250 ml Malagawein

Zubereitung

Die Schale der gewaschenen Rhabarberstiele abziehen und in daumenlange Stücke schneiden. Diese mit 300 ml Wasser und den Gewürzen 3 Minuten lang zu Kompott verkochen. Nach Abkühlen das Kompott in ein Gefäß geben und – ohne Temperaturschwankungen – 3 Wochen ziehen lassen. Anschließend den Ansatz durch ein Tuch abseihen und den Malagawein beifügen. In gut geschlossenen Flaschen 3 Monate nachreifen lassen.

Wissenswertes

Vorsicht! Nicht während der Schwangerschaft nehmen.

Schlehenlikör

Wirkung
Hilft bei Erkrankungen der Luftwege, Entzündungen im Mund- und Rachenraum, bei Blähungen, Verstopfungen und Reizung der Harnwege.

Zubereitungszeit
20 Minuten

Gärung
7–10 Wochen

Zutaten
1 kg reife Schlehen
(am besten nach dem ersten Frost geerntet)
1 Vanillestange
1 l reiner Alkohol
200 g Zucker

Zubereitung

Die leicht gequetschten Schlehen mit der Vanillestange und dem Alkohol in einem verschließbaren Gefäß ansetzen. Die Mischung 7 Wochen an einem schattigen Platz ziehen lassen. Dann abseihen und den vorher in 1 l Wasser gelösten Zucker hinzugeben. Den Likör erst 2 Tage ziehen und dann 2 Tage ruhen lassen. Danach in Flaschen abfüllen und vor Gebrauch noch längere Zeit ruhen lassen.

Schokoladenlikör

Wirkung
Hilft bei Erkrankungen der Luftwege, Entzündungen im Mund- und Rachenraum, bei Blähungen, Verstopfungen und Reizung der Harnwege.

Zubereitungszeit
20 Minuten

Gärung
2 Wochen

Zutaten
100 g Schokolade
200 g Zucker
500 ml Milch
125 ml Weingeist
125 ml Cognac

Zubereitung

Die geschnittene Schokolade unter ständigem Rühren mit Zucker und Milch kochen. Anschließend den Weingeist und den Cognac dazugeben und abkühlen lassen. Danach den Likör abfüllen und 2 Wochen kalt lagern.

Wissenswertes

Spanische Nonnen veredelten im 17. Jahrhundert die bittere – fast ungenießbare – mittelamerikanische Schokolade mit Zucker. Das süße Ergebnis mundete so gut, dass schon bald der Verdacht aufkam, Schokolade reize die sexuelle Lust.

Stachelbeerlikör

Wirkung
Entwässert, reinigt den Darm
und fördert den Haarwuchs.

Zubereitungszeit
15 Minuten

Gärung
3–4 Wochen

Zutaten
550 ml Stachelbeersaft
100 ml schwarzer Johannisbeersaft
100 ml Heidelbeersaft
350 ml Weingeist
100 ml Weinbrand
200 ml Zuckersirup

Zubereitung

Stachelbeersaft mit Johannisbeersaft, Heidelbeersaft,
Weingeist und Weinbrand durchmischen.
Anschließend mit dem Zuckersirup abschmecken
und mehrere Wochen ruhen lassen.
Dann filtrieren und abfüllen.

Wissenswertes

Die Stachelbeere enthält Vitamine, Mineralstoffe und
ist reich an Silizium.

Vanillelikör

Wirkung

Regt Verdauung und Nierenfunktion an
und lindert Menstruationsschmerzen.

Zubereitungszeit

15 Minuten

Gärung

Keine

Zutaten

150 ml milden Cognac
50 g Zucker
1 Päckchen Paradiescreme
mit Vanillegeschmack
200 ml H-Sahne
300 ml H-Milch
1 Päckchen Vanillezucker

Zubereitung

Cognac, Zucker und Paradiescreme mit dem Mixer verrühren. Sahne, Milch und Vanillezucker hinzufügen und noch einmal 3 Minuten kräftig rühren. Nun den Likör in eine Flasche abfüllen und kalt stellen.

Wissenswertes

Im Kühlschrank beträgt die Haltbarkeit des Likörs 1 Woche.

Waldmeisterlikör

Wirkung

Löst Verkrampfungen und
wirkt beruhigend.

Zubereitungszeit

10 Minuten

Gärung

11 Wochen

Zutaten

15 frische Waldmeisterstängel
1 l Korn
100 g Zucker

Zubereitung

Den Waldmeister und den Korn in ein verschließbares Gefäß füllen und 3 Wochen an einem warmen, schattigen Platz ruhen lassen. Danach den Ansatz in eine Schüssel filtrieren und den Zucker unterrühren. Den Likör in Flaschen abfüllen und 8 Wochen lang dunkel lagern.

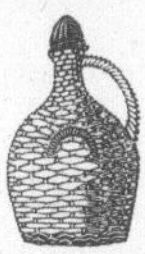

Zimtlikör

Wirkung
Fördert die Verdauung, senkt den Blutdruck, stabilisiert den Kreislauf und fördert die Durchblutung.

Zubereitungszeit
10 Minuten

Gärung
4–5 Monate

Zutaten
2 Zimtstangen
200 g Zucker
1 l Kornbranntwein (38 %)

Zubereitung
Eine ganze und eine zerdrückte Zimtstange mit Zucker in ein Gefäß geben und mit Alkohol übergießen. Den gut verschlossenen Ansatz 6 Wochen an einem warmen – aber nicht sonnigen – Platz ruhen lassen. Danach die Flüssigkeit abseihen. Nun eine gekochte Lösung aus Zucker und 300 ml Wasser ansetzen und nach Abkühlen mit dem Ansatz vermischen. Den Likör in einem zugedeckten Gefäß 2–3 Stunden ziehen lassen. Danach filtrieren, in Flaschen füllen und gut verschlossen 2–3 Monate ruhen lassen. Ist der Likör danach nicht ganz klar, sollte man ihn noch einmal filtrieren.

Wissenswertes
Zimt tötet Keime, Pilze, Viren, Bakterien und Parasiten ab. Bereits im Altertum schätzte man das Gewürz wegen seiner desinfizierenden Wirkung. Man versetzte u. a. Trinkwasser mit Zimt, um sich vor schädlichen Krankheitserregern zu schützen.